UN TRAIT D'UNION

ENTRE LA FRANCE ET L'ANGLETERRE

UN TRAIT D'UNION

ENTRE

LA FRANCE

ET

L'ANGLETERRE

PAR

Fréd. VIVIEN

PARIS

TYPOGRAPHIE MORRIS ET Cie,

64, RUE AMELOT.

—

1860

UN TRAIT D'UNION

ENTRE LA FRANCE ET L'ANGLETERRE

I

Devant les graves questions politiques qui s'agitent, en présence des immenses intérêts qui sont en jeu, est-il probable, est-il possible qu'une voix perdue dans la foule soit entendue? est-il permis de croire qu'un mot livré au torrent des idées n'y sera pas englouti, sans pouvoir surnager, même un instant?

Cependant, il nous semble qu'élever cette voix, que prononcer ce mot, c'est accomplir un devoir. Il nous semble que tout esprit honnête, que tout ami sincère de l'ordre et de la paix se doit à lui-même, autant qu'à son pays, autant qu'à l'humanité, d'apporter sa pierre, si petite qu'elle soit, à l'édifice du bien-être général, et que, si faible que l'on se sente, l'indifférence n'est pas plus permise à un honnête homme devant une idée fausse qui menace la vérité que l'inaction à un bon citoyen devant un ennemi qui menacerait son pays.

II

De tous temps, la France et l'Angleterre se sont rencontrées sur le terrain de la politique, quelquefois alliées, souvent hostiles, presque jamais amies. Il ne nous appartient pas de revenir sur un passé dont l'histoire est seule maîtresse et dont elle a fait justice, dans le bien comme dans le mal.

D'ailleurs, les idées ont marché avec les siècles, et les querelles qui ont pu faire la gloire de nos pères avaient alors des raisons ou des mobiles que nous ne savons ni ne pouvons plus admettre.

De nos jours, toutes deux, devenues plus commerçantes que belliqueuses, plus industrieuses que conquérantes, se sont retrouvées sur un terrain commun ; la lutte a recommencé, mais sur un autre théâtre : cette fois, c'est dans le négoce, dans les grandes innovations, dans tous les arts industriels, dans l'agrandissement des relations extérieures et commerciales que la rivalité s'est perpétuée. Au lieu de combats à outrance, de guerres sans fin, de victoires et de défaites, au lieu de sanglantes représailles, nous ne voyons plus, depuis un demi-siècle, que des luttes pacifiques, que des rivalités aussi utiles que glorieuses, que des conquêtes scientifiques ou financières ; et les efforts réciproques, tour à tour couronnés d'un meilleur succès, sans que la gloire du triomphe fût obscurcie par les désastres du combat, ont assuré des deux côtés du détroit un avenir commun de grandeur, de richesse et de prospérité.

Unies par le lien le plus solide, celui des intérêts, forte chacune doublement et de ses propres forces et de celles de sa voisine, la France et l'Angleterre donnaient ainsi à l'Europe le plus bel exemple à suivre pour les nations modernes, celui de la grandeur dans le repos, de la force dans la paix, de l'union dans la puissance.

III

D'où vient donc aujourd'hui que cet heureux accord semble être en péril ? Qui a pu mettre les esprits en émoi, les susceptibilités en éveil ? qui donc a été remuer dans la poussière de l'oubli les vieilles animosités, les anciennes antipathies ? En Angleterre, on ne manque pas d'en accuser la France ; en France, on rejette la faute sur l'Angleterre.

De part et d'autre, le jugement n'est-il pas trop prompt, ne se laisse-t-on pas trop aller aux impressions du moment, aux influences extérieures ?

On a dit que huit siècles de guerres incessantes et de luttes acharnées n'avaient pu passer sans élever entre les deux nations une barrière que rien ne saurait abattre.

Nous démentons cela : nous ne saurions croire que la haine puisse ainsi passer de siècle en siècle du cœur des pères dans le sang des enfants : bien des préjugés sont tombés avec la marche du temps, et ce n'est pas de nos jours que nous pourrions encore tenir compte de ces superstitions d'un autre âge. Les inimitiés passées ne sauraient altérer les alliances présentes, et les querelles de nos ancêtres sont à jamais ensevelies avec eux.

IV

Et même, en admettant que des luttes d'autrefois il fût resté dans l'esprit des deux peuples une sorte de susceptibilité nationale, qu'il subsistât de part et d'autre comme un sentiment d'antipathie naturelle, voudrait-on expliquer ainsi ces bruits sourds, ces calomnies vagues qui tendent incessamment à détruire la bonne entente? expliquerait-on cet acharnement raisonné à vouloir rompre l'état de calme et de paix où se trouvent les deux nations, cette application à grossir les moindres difficultés, à fomenter enfin tous les germes d'agitation que des souvenirs plus ou moins récents peuvent avoir laissés dans les esprits? Non, cent fois non : un pareil sentiment, s'il existait, serait dominé par de plus graves et plus hautes considérations ; l'intérêt général saurait prendre le pas sur d'aussi vaines susceptibilités. La guerre et la paix nous en ont donné naguère encore les preuves les plus éclatantes. Une glorieuse alliance au dehors pour le succès commun des armes, à l'intérieur un magnifique traité de commerce pour la richesse commune, témoignent assez hautement du peu de solidarité qui existe entre les siècles passés et le siècle présent, où la constante préoccupation est, d'ailleurs, soit en France, soit en Angleterre, de réaliser le grand œuvre de la paix universelle.

V

Là n'est donc pas la cause du mal. Si le calme est troublé, si l'amitié semble se refroidir, c'est l'œuvre d'ennemis cachés, travaillant sans cesse à détruire l'ordre établi. Ces ennemis, nous avons déjà été aux prises avec eux, et nous les connaissons par leurs coups; ce sont les ambitions déçues qui cherchent à se faire place; ce sont les jalousies haineuses qui demandent une vengeance; ce sont les convoitises inassouvies qui veulent se satisfaire à tout prix; ce sont, en un mot, ces fléaux de toute société, de toute grandeur, de tout ce qui est l'ordre et la paix; ce sont eux qui ne craignent pas d'abriter leurs basses menées derrière les destinées de deux grandes nations, qui ne craindraient pas de compromettre la paix du monde pour susciter un désordre favorable à leurs honteux désirs, ni de ruiner leur pays pour satisfaire leurs sordides ambitions.

Disons-le hautement, et puissions-nous être entendu, ou plutôt, puissent des voix plus puissantes que la nôtre le dire à leur tour et se faire écouter : Non, ce n'est pas chez le vrai peuple anglais qu'il existe des haines ou des colères contre la France; non, ce n'est pas chez les véritables Français qu'il y a de l'animosité contre l'Angleterre.

La France et l'Angleterre ont marché côte à côte dans le sillon creusé par le progrès, par la civilisation moderne : toutes deux se sont vues à l'œuvre; toutes deux se sont donné la main dans les grands exploits comme dans les grands travaux. Elles savent ce qu'elles peuvent faire, et l'expérience leur a prouvé que si, séparés, leurs intérêts pouvaient parfois se choquer en se rencontrant, au contraire, unis, ils ne pouvaient que grandir et prospérer pour le bien commun.

VI

Ce n'est donc pas en elles, nous le répétons, qu'il faut chercher la cause d'une altération dans les rapports, d'un refroidissement dans les relations ; des ambitions de parti, des intérêts mesquins et méprisables ont pu seuls s'emparer de quelques complications politiques, de quelques événements graves pour soulever des difficultés, pour multiplier et envenimer les discussions, pour exciter les esprits, espérant, à la faveur de l'agitation générale, susciter des conflits et un désordre au milieu duquel est leur seule chance de se faire jour et de placer leurs déplorables prétentions.

Grâce à Dieu, grâce à la ferme et noble attitude des deux gouvernements, grâce au bon sens général, d'aussi tristes menées viendront échouer devant la raison et le sain jugement de deux grands peuples menacés dans leurs plus précieux intérêts.

VII

D'autre part, chaque jour, quelque démonstration publique vient apporter un nouveau témoignage des sentiments qui animent les deux nations l'une envers l'autre.

Nous avons cru voir un échantillon bien remarquable de ces sentiments dans les deux documents qui vont suivre et que nous avons choisis au milieu de tous ceux qui sont de nature à confirmer ce que nous avançons. L'un est le compte rendu de la séance tenue à Londres par les *Amis de la Paix*, au mois de juillet dernier ; l'autre est l'adresse présentée par les mêmes *Amis de la Paix* aux Orphéonistes français, lors de leur voyage à Londres, et la réponse des Orphéonistes.

Bien qu'au premier abord ces documents puissent paraître de peu de valeur, on sera forcé de leur accorder une véritable importance, si l'on considère qu'en Angleterre la Société des *Amis de la Paix* se compose des hommes les plus haut placés dans le barreau, dans la politique, dans le commerce, et qu'en France l'Orphéon se recrute dans toutes les classes de la société ; que par conséquent les opinions avancées par chacun de ces deux grands corps peuvent être considérées comme l'expression du sentiment général dans les deux pays.

C'est à ce titre que nous croyons utiles la publication et la propagation de pareils documents. Si peu considérables qu'ils puissent paraître en eux-mêmes, ils sont de nature à éclairer l'opinion publique, souvent égarée par des rumeurs dont elle ignore la source, mais auxquelles peu à peu elle se laisse entraîner, et qui l'amènent à s'abuser sur ses propres sentiments. Lui remettre la vérité sous les yeux, lui donner conscience d'une erreur et lui éviter un faux pas dangereux, tel serait l'heureux résultat qu'on obtiendrait en mettant au jour tout ce qui touche au caractère intime de chaque nation et tout ce qui peut donner une idée précise de ses véritables sentiments.

FRÉD. VIVIEN.

Paris, 15 septembre 1860.

SOCIÉTÉ DE LA PAIX

A LONDRES

La Société de la Paix, à Londres, a tenu sa quarante-qua·
trième séance annuelle, le mardi soir 3 juillet 1860, dans la
chapelle de Finsbury, sous la présidence de M. Henry
Pease.

Parmi les membres présents, on remarquait : le révérend
docteur Campbell, le révérend A. Good, le docteur Oxley,
M. C. Wise, M. B. Stenz, M. H. Russell et M. R. Allen (de
Dublin), M. J. Morland, M. J. Priesman, M. J. Bech, M. J.
Jones, M. R. Charleton, M. Thosnorton, M. W. Dent, M. W.
Holmed, M. Russel Jeffrey, M. Southall, M. Joseph Thorpe,
M. O. W. Alexander, M. F. Ashby et MM. R. Alsop et H. Ri-
chard.

A l'ouverture de la séance, le président prend la parole,
en ces termes :

« Le but de cette réunion est l'étude d'une des questions
les plus importantes qui puissent être soumises à l'examen
d'une assemblée chrétienne. Il n'est rien à quoi les êtres
humains soient plus fortement attachés qu'à l'existence. Le
Tout-Puissant paraît avoir fait de ce sentiment, qui nous est
inné, une condition même de notre être, commune à tous
les hommes. Chez les nations les plus civilisées, comme

chez celles qui le sont le moins, le plus grand châtiment qu'il soit possible d'infliger à un homme, pour un crime commis contre la religion ou la société, est de lui ôter la vie. Si l'on se souvient qu'il en était ainsi chez les nations les moins éclairées, comme la plupart de celles qui formaient les peuples primitifs, chez lesquels cependant on ne se préoccupait nullement de la vie future, ne devons-nous pas être douloureusement frappés de cette pensée que, parvenus au dix-neuvième siècle, et nous déclarant comme un des peuples les plus attachés au christianisme parmi tous ceux que le soleil éclaire, nous avons néanmoins adopté ce système gouvernemental, universellement admis dans tous les états de l'Europe, et que, pour notre part, nous contribuons à l'existence et à l'entretien de ce grand corps de quatre millions d'hommes, au moins, dont l'unique occupation est de préparer, pour tous les cas d'agression ou d'insulte, soit réelle, soit supposée, et avec toute l'habileté possible, les moyens de destruction les plus cruels et les plus infaillibles pour priver de la vie des hommes qui sont nos semblables ?

» On dit que pour compter un million, il faut toute une nuit, et quand nous voyons qu'il y a constamment quatre millions d'hommes armés ou occupés à fabriquer des armes, de quelles tristes réflexions ne devons-nous pas être pénétrés !

» Si nous ne connaissions pas les préceptes de l'Évangile, il pourrait nous sembler assez naturel et légitime d'employer l'épée pour nous défendre à la dernière extrémité ; mais il n'en est plus de même lorsqu'on l'a lu avec attention et qu'on s'est pénétré de tous les devoirs que nous imposent ses divins enseignements. Le Sauveur est venu en ce monde pour assurer le bonheur du genre humain et pour nous détourner de tout penchant à la violence et à l'iniquité. Eh bien, lorsqu'une armée tout entière est entretenue par le peuple anglais et que les charges qui en sont la conséquence sont partagées par des ministres mêmes de l'Évangile, viendra-t-il à l'esprit de personne de trouver conséquent et régulier un semblable état de choses, quand notre Sauveur est mort pour le changer et l'abolir? Qui sera assez subtil pour concilier les vertus inculquées dans l'âme de l'homme par le Nouveau Testament avec les devoirs du soldat envers sa discipline, avec les obligations qu'il a contractées par serment lorsqu'il s'est engagé à servir la reine et le pays, sans tenir compte du désaccord qui doit exister entre ce service et celui du Sauveur? (*Applaudissements.*)

» Nous tous ici présents, qui croyons d'une foi ferme et immuable que le Sauveur est le vrai Messie, le *Prince de la Paix*, nous qui avons étudié sa sainte loi, pouvons-nous croire qu'il soit plus permis de tirer l'épée pour repousser les injures et les agressions que pour commettre tout autre crime interdit formellement par les saintes Écritures? (*Applaudissements.*)

» Lorsqu'on vit apparaître, tant à l'étranger que dans le sein de la nation, des faits qui semblèrent envelopper de sombres nuages l'horizon politique, on chercha avec autant de soin que d'anxiété si dans l'Évangile le grand principe de paix universelle ne pouvait pas se trouver modifié, et si les secousses terribles qui ébranlaient le monde ne permettaient pas d'y apporter quelque changement; si enfin ce principe devait être reconnu, adopté d'une manière absolue par tous les peuples. Ceux qui ont soutenu de toutes leurs forces, en s'y conformant eux-mêmes, l'universalité et l'inviolabilité de ce principe ont, outre la satisfaction de demeurer convaincus qu'ils sont restés dans la voie du salut, celle d'avoir fait apprécier à leurs compatriotes toute l'importance de ce principe et de son application. » (*Applaudissements.*)

Après un rapport lu par le révérend Henry Richard, et dans lequel il s'étend sur diverses considérations relatives aux circonstances politiques et militaires dans lesquelles l'Europe se trouvait engagée, le révérend John Burnes (de Camberwall) propose la motion suivante :

« Déclarer que l'assemblée se réjouit sincèrement du traité de commerce récemment conclu entre l'Angleterre et la France, en ce qu'il doit développer et affermir dans leurs intérêts communs les relations amicales entre les deux pays; qu'elle souhaite vivement que cette mesure soit suivie de négociations à l'effet d'obtenir la réduction simultanée de ces énormes armements qui, tout nouvellement encore, ont été augmentés dans des vues et d'après des principes de rivalité d'autant plus regrettables qu'un pareil système n'a pas de limites, qu'il absorbe de plus en plus les ressources du pays, qu'il compromet sérieusement la durée de la paix, et qu'il entretient entre les deux nations un esprit de jalousie et de défiance perpétuelles. »

Le révérend docteur Burnes appuie cette motion par un discours plein de force et d'éloquence. « Il s'élève avec vigueur contre ces ambitions effrénées de prédominance, et contre les inconvénients qu'elles entraînent, en jetant dans les esprits de continuelles dispositions à la guerre : il déplore que tout ce qui constitue la force des nations, c'est-à-dire leur population et leurs ressources matérielles, semble devoir être employé systématiquement à leur mutuelle destruction. Il ne voit rien de plus monstrueux que cette application incessante à favoriser, perfectionner et augmenter tous ces moyens de destruction qui constituent l'art de la guerre. Cet esprit guerrier est en contradiction ouverte avec les enseignements du christianisme. Quoi qu'on ait pu dire, tous les préceptes du Nouveau Testament, toute sa doctrine sur la sainteté, sur l'inviolabilité de la vie humaine, sont imposés aux nations comme aux individus. Ceux qui enfreignent ces préceptes éternels sont passibles, ainsi que pour tous les autres péchés, des peines spirituelles, comme il en existe pour toutes les infractions aux lois divines.

»D'ailleurs, l'Angleterre, ainsi que toutes les autres nations, mais peut-être plus particulièrement l'Angleterre, se trouve surchargée du fardeau des taxes établies pour soutenir des guerres sans nécessité, sans gloire et même sans utilité pour elle ni pour les autres pays. Il est déplorable de voir combien l'ignorance et l'insensibilité sont parvenues à faire prévaloir, à ce sujet, des idées fausses. Les arguments et les motifs que l'on oppose à tout ce qui s'est dit et écrit en faveur de la paix et de la cause de l'humanité sont dérisoires et sans valeur. On n'a jamais présenté de raisons solides et considérables, qui autorisent les gouvernements à prodiguer des centaines de millions pour faire détruire des hommes par centaines de milliers, sans autre résultat que d'accroître proportionnellement le nombre des veuves et des orphelins et de couvrir la surface de la terre de malheurs et de ruines irréparables. »

La motion est unanimement adoptée.

Le révérend M. Mocrée proposa ensuite la motion suivante:

« Les événements qui ont eu lieu récemment en Chine et au Japon ont apporté de nouvelles preuves en faveur de cette vérité : que le principe de conduite qui consiste à employer la violence à l'égard des peuples non civilisés, et à les traiter avec mépris, n'est pas de nature à fournir de bons moyens pour introduire chez ces peuples les notions du christianisme, ni pour établir avec eux des relations commerciales. L'Assemblée espère que le Gouvernement, instruit par l'expérience du passé, voudra bien donner à ses représentants officiels, ainsi qu'à toutes les personnes engagées dans le négoce ou toutes autres transactions avec ces contrées éloignées, l'avertissement qu'ils ne sauraient obtenir l'appui ni l'approbation du pays si leur conduite n'est pas conforme aux règles de la modération et de la justice, ainsi qu'aux préceptes de la douceur et de la charité. »

Cette motion, appuyée par M. Edmond Fry, est adoptée à l'unanimité.

Des remercîments ayant été votés pour le président, la séance est levée. *(Traduit de l'anglais.)*

LES ORPHÉONISTES

ET

LES AMIS DE LA PAIX

Lors du voyage des Orphéonistes français à Londres, la Société des Amis de la Paix conçut le projet d'avoir avec nos visiteurs étrangers un entretien avant leur départ ; en conséquence, une députation se rendit près d'eux, dans le palais de Cristal, pour leur présenter une adresse : Parmi les membres de la Société composant cette députation se trouvaient : M. Robert Forster, M. Joseph Cooper, M. Hafford d'Allen, M. William Ball, M. Charles Warner, M. Joseph Marsh, M. Edward Bech, M. Charles Wise, M. Sidney Cooper, M. T. B. Smithes, M. William Holmes, M. Edmond Fry et le révérend Henry Richard.

M. Delaporte et les autres conducteurs des Orphéonistes témoignèrent le désir que cette adresse fût présentée en public et devant tout le corps des musiciens; mais, à raison de leur grand nombre, il fut convenu que la réunion aurait lieu dans la salle du conseil du palais, où, avec les membres du Comité, seraient admises autant de personnes qu'elle pourrait en contenir.

La députation, introduite par le révérend Henri Richard, secrétaire de la Société de la Paix, présenta l'adresse suivante :

« Votre visite qui, nous le croyons, a été accueillie avec beaucoup d'intérêt et de satisfaction par toutes les classes de la société britannique, a été particulièrement agréable à notre Société, comme tendant à favoriser et à faciliter des résultats que nous nous efforçons d'obtenir depuis long-temps et qui sont chers à nos cœurs.

» Persuadés que tous les hommes sont enfants d'un même père qui a formé du même sang les habitants de toutes les nations qui couvrent la surface du globe, nous ne pouvons considérer la guerre que comme un véritable fratricide, qui doit être abhorré non-seulement comme un des plus terri-bles fléaux qui affligent l'humanité, mais plus encore par-ce qu'il est une violation flagrante de la grande loi d'amour que le christianisme a recommandée et imposée comme la su-prême expression de la sagesse divine et le meilleur moyen d'assurer le bonheur de l'humanité.

» Nous saluons donc votre présence parmi nous comme un gage du progrès de l'intimité qui s'établit entre les deux na-tions et qui tend de plus en plus à rendre la guerre impos-sible. Ce sont de libres et fréquentes relations, des visites amicales, comme celle-ci, qui, en multipliant les occasions de rapprochement et de communication, permettront aux deux peuples de se connaître et de s'apprécier réciproque-ment. C'est ainsi qu'on verra s'éteindre en eux tout senti-ment de méfiance ou de froideur, et que les peuples de France et d'Angleterre parviendront à se convaincre que leur voisinage, loin d'en faire des ennemis et des adversai-res, doit, au contraire, en faire les meilleurs amis et alliés.

» Malheureusement, dans les temps passés, il semblait que la rivalité des deux pays n'eût d'autre but que de s'infliger l'un à l'autre les plus terribles désastres, par le meurtre des habitants, le ravage et la destruction des propriétés, par les plus cruelles calamités qui affligent le genre humain.

» Ces temps, nous l'espérons, sont passés pour toujours. Une nouvelle et plus noble ambition anime les cœurs en Angleterre comme en France ; nous sommes encore rivaux, mais le théâtre de nos rivalités se borne désormais au commerce, aux manufactures, aux sciences, au progrès de la civilisation et de l'humanité. Dans de semblables luttes, nous n'aurons pas à déplorer les homicides causés par les armes, le sac et le pillage des villes, la dévastation des champs, la destruction des palais comme des chaumières. Au lieu de ces terribles fléaux, nos triomphes ne laisseront d'autres traces que les ponts hardiment jetés sur tous nos fleuves, les lignes de chemins de fer sillonnant en tous sens une pays riche et commerçant, les améliorations introduites dans l'agriculture, les monuments élevés pour l'embellissement de nos cités, les fils télégraphiques dont nous ceindrons le globe et qui traverseront jusqu'aux profondeurs de l'Océan.

» Ces pacifiques conquêtes se sont accomplies par les efforts réunis du génie des deux nations, par le mutuel concours de leurs capitaux et par une glorieuse émulation dans les travaux utiles et féconds. Ainsi, chacun des deux pays, tout en enrichissant son voisin, a vu grandir son bonheur et sa prospérité.

» Nous pouvons dire avec confiance que, parmi le peuple anglais, il règne une disposition générale de bienveillance et de cordialité envers le peuple français, un désir sincère de vivre avec lui dans des termes de paix et d'amitié, et nous nous réjouissons d'avoir cette occasion d'exprimer notre intime conviction qu'en France les mêmes sentiments animent tous les cœurs à notre égard.

» Il peut y avoir, des deux côtés du détroit, des gens malintentionnés qui se plaisent à semer la défiance et s'efforcent de réveiller d'anciennes animosités, qui devraient être ensevelies depuis longtemps dans la poussière et dans l'oubli; mais, en dépit de ces tristes et méprisables efforts, les sentiments des deux nations se rapprochent de plus en plus, et votre voyage, que nous regardons comme le prélude d'un échange incessant de visites amicales de part et d'autre, est bien fait pour hâter et consolider ces rapprochements.

» Vous, qui vous êtes montrés si habiles maîtres dans l'ar

de l'harmonie musicale, vous serez aussi les promoteurs et les premiers instruments de cette harmonie morale qui devrait être la première loi de toutes les grandes familles chrétiennes de la terre.

» Puissent les Orphéonistes de France rapporter à leurs compatriotes l'assurance qu'ils ont rencontré un accueil sympathique dont la cordialité n'était pas seulement fondée sur l'admiration que nous avons accordée à leur talent d'artistes, mais plus encore sur l'affection et le respect qu'ils nous ont inspirés en leur qualité de Français!

» Avant de prendre congé de vous, messieurs, permettez-moi de vous exprimer le plaisir bien vif que nous a procuré votre présence parmi nous, et notre ardent désir que cette visite, jointe à d'autres influences heureuses, puisse fortifier entre les deux pays les liens d'une amicale et fraternelle alliance, alliance fondée sur une mutuelle confiance, sur la bienveillance et le respect, et dont le résultat sera l'inappréciable bonheur d'une paix permanente.

» Joseph PEASE, président de la Société de la Paix.
» Henry RICHARD, Secrétaire. »

Cette adresse fut accueillie avec de vifs applaudissements et des cris répétés de : Bravo! bravo ! par tous les Français présents, qui exprimèrent le désir qu'elle fût lue au banquet du soir.

Voici la réponse des Orphéonistes, revêtue pour eux et de leur part de la signature de monsieur Delaporte :

Les Orphéonistes de France aux Amis de la Paix :

« Nous sommes profondément reconnaissants du cordial accueil que nous avons reçu en Angleterre, et plus particulièrement de ces paroles sympathiques que notre visite vous a inspirées. Avant que nous eussions mis le pied sur le sol anglais, il y avait déjà, entre nous, une disposition réciproque à un échange de sentiments amicaux, à une fraternelle union des cœurs. Nous nous comprenions d'un côté à l'autre du détroit, et les accents harmonieux dont a retenti le palais de Cristal, dans le cours de nos quatre concerts, n'étaient rien moins que le brillant épilogue d'une étroite alliance entre deux grands peuples. La mission pacifique de l'Orphéon a été plus particulièrement et plus complétement appréciée par vous, dont les généreux et constants efforts ne sauraient manquer de porter leurs fruits dans un prochain avenir.

» La cause que vous soutenez est trop sainte pour qu'elle n'obtienne pas l'assentiment universel. Toutefois, nous nous estimons heureux d'être les premiers à faire écho avec vous, sur la terre britannique, dans ce cri d'union, de paix et de fraternité, qui est la devise de votre puissante et admirable institution.

» L'Orphéon français est une œuvre de création récente, il tire sa force de sa liberté d'association. Sous nos bannières, ornées des emblèmes de l'harmonie, de la concorde et de la paix, toutes les classes de la société sont représentées par quelques-uns de leurs membres les plus honorables.

» L'Angleterre saura certainement apprécier la précieuse et salutaire influence de ces sentiments fraternels que nous laissons sur son rivage et dont nous reportons en France le fidèle écho, nous qui avons été choisis, au nombre de trois mille, parmi cette grande famille musicale, qui compte déjà plus de quarante mille exécutants, à laquelle se sont associés les plus célèbres artistes de notre pays, et qui s'est acquis les sympathies de toute la nation.

» Soyez assurés, messieurs, que nous garderons toujours avec bonheur le souvenir de votre cordiale réception, et que la mémoire de cette démonstration internationale vivra éternellement dans nos cœurs.

» Au milieu de nos compatriotes, au sein de nos familles, dans la vie privée comme dans la vie publique, nous serons désormais les constants auxiliaires et les sincères collaborateurs du comité des Amis de la Paix : Union et solidarité entre la France et l'Angleterre! tel sera le cri de ralliement des Orphéonistes français. »

Au nom des Orphéons et des Sociétés chorales de France,

Signé : EUGÈNE DELAPORTE.

Londres, 2 juillet 1860.

Paris, Typ. Morris et Comp., rue Amelot, 64.